Leben und Arbeiten im hessischen Odenwald

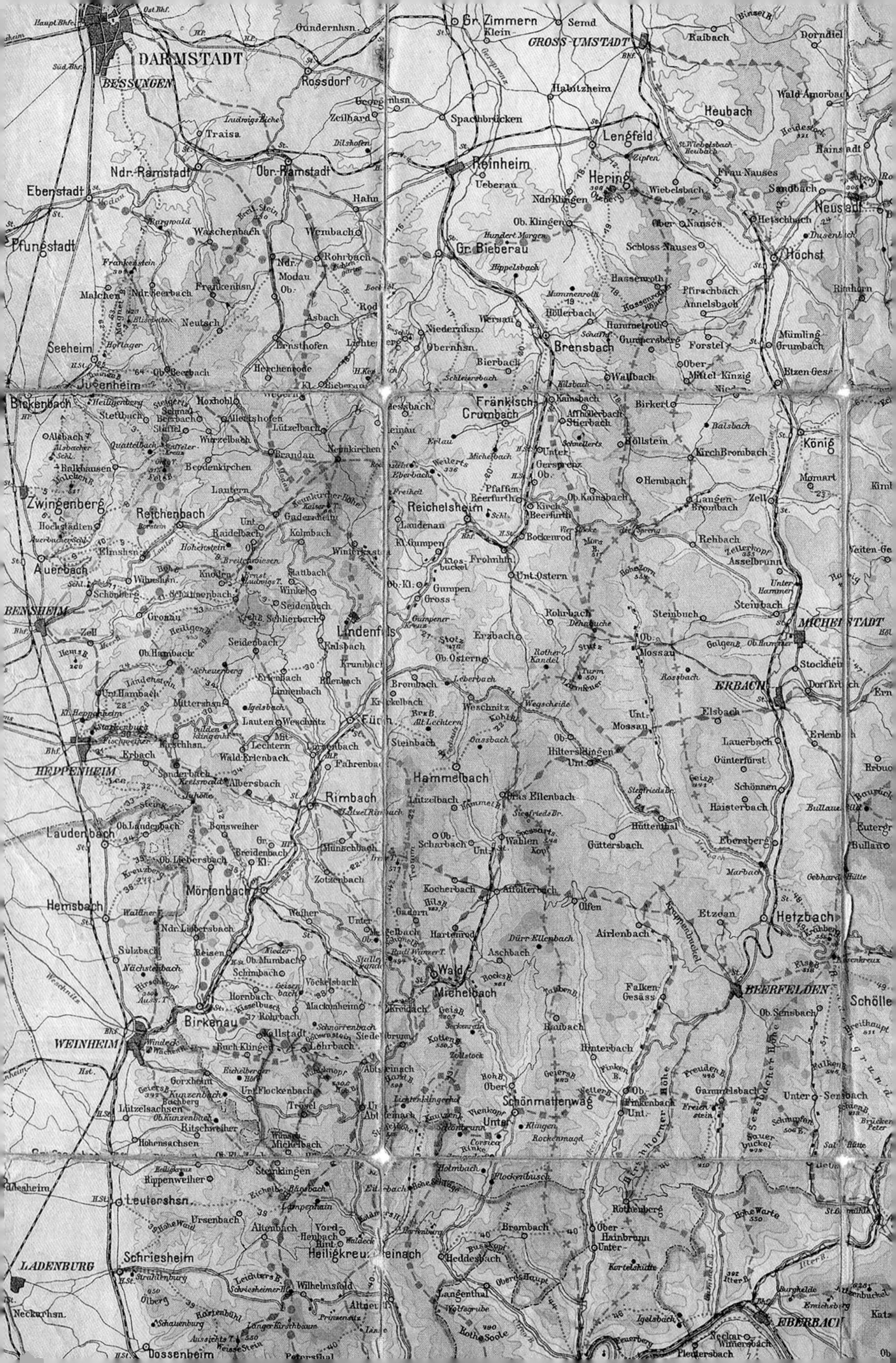
DARMSTADT
BESSUNGEN
Gundernhsn.
Rossdorf
Gr. Zimmern
Semd
GROSS-UMSTADT
Raibach
Dorndiel
Traisa
Zeilhard
Spachbrücken
Habitzheim
Heubach
Wald-Amorbach
Lengfeld
Ndr.-Ramstadt
Obr.-Ramstadt
Reinheim
Hering
Frau-Nauses
Hainstadt
Sandbach
Ebenstadt
Ueberau
Wiebelsbach
Neustadt
Pfungstadt
Waschenbach
Wembach
Hahn
Ob. Klingen
Gr. Bieberau
Schloss-Nauses
Höchst
Rohrbach
Frankenhsn.
Neutsch
Malchen
Ndr. Beerbach
Hassenroth
Pfirschbach
Annelsbach
Asbach
Seeheim
Ernsthofen
Niedernhsn.
Obernhsn.
Wersau
Brensbach
Gumpersberg
Forstel
Mümling-Grumbach
Bierbach
Wallbach
Herchenrode
Ob. Beerbach
Jugenheim
Bickenbach
Stettbach
Hoxhohl
Allertshofen
Lützelbach
Fränkisch-Crumbach
Birkert
Alsbach
Balkhausen
Brandau
Neunkirchen
Kainsbach
Stierbach
Böllstein
Kirch Brombach
König
Beedenkirchen
Lautern
Zwingenberg
Reichenbach
Reichelsheim
Pfaffen-Beerfurth
Hembach
Langen-Brombach
Zell
Gadernheim
Kolmbach
Winterkasten
Bockenrod
Rehbach
Elmshsn.
Auerbach
Frohnhfn.
Asselbrunn
Knoden
Winkel
Schönberg
Unt. Ostern
Gumpen
Seidenbach
Steinbach
BENSHEIM
Gronau
Zell
Lindenfels
Rohrbach
Erzbach
Ob. Mossau
MICHELSTADT
Ob. Hambach
Kalsbach
Ob. Ostern
Stockheim
Erlenbach
Unt. Hambach
Brombach
Leberbach
ERBACH
Dorf Erbach
Mittershsn.
Igelsbach
Weschnitz
Elsbach
Lauten Weschnitz
Fürth
Unt. Mossau
HEPPENHEIM
Kirschhsn.
Erbach
Wald-Erlenbach
Steinbach
Lauerbach
Sonderbach
Albersbach
Hammelbach
Günterfürst
Schönnen
Rimbach
Ob. Laudenbach
Laudenbach
Lützelbach
Haisterbach
Bonsweiher
Ob. Scharbach
Hüttenthal
Güttersbach
Ebersberg
Ob. Liebersbach
Breidenbach
Münschbach
Zotzenbach
Mörlenbach
Kocherbach
Olfen
Etzean
Hemsbach
Weiher
Airlenbach
Hetzbach
Ndr. Liebersbach
Sulzbach
Reisen
Aschbach
Wald-Michelbach
Birkenau
BEERFELDEN
Falken-Gesäss
Schölle
Hornbach
Vöckelsbach
Ob. Sensbach
WEINHEIM
Buch-Klingen
Löhrbach
Siedelsbrunn
Hinterbach
Gorxheim
Unt. Flockenbach
Trösel
Schönmattenwag
Gammelsbach
Unter-Sensbach
Lützelsachsen
Ritschweiher
Hohensachsen
Rippenweiher
Steinklingen
Holmbach
Flockenbusch
Leutershsn.
Ursenbach
Altenbach
Brombach
Ober-Hainbrunn
Rothenberg
LADENBURG
Schriesheim
Heiligkreuzsteinach
Heddesbach
Wilhelmsfeld
Langenthal
Neckarhsn.
Altneudorf
Igelsbach
Neckar-Wimersbach
EBERBACH
Dossenheim
Pleutersbach

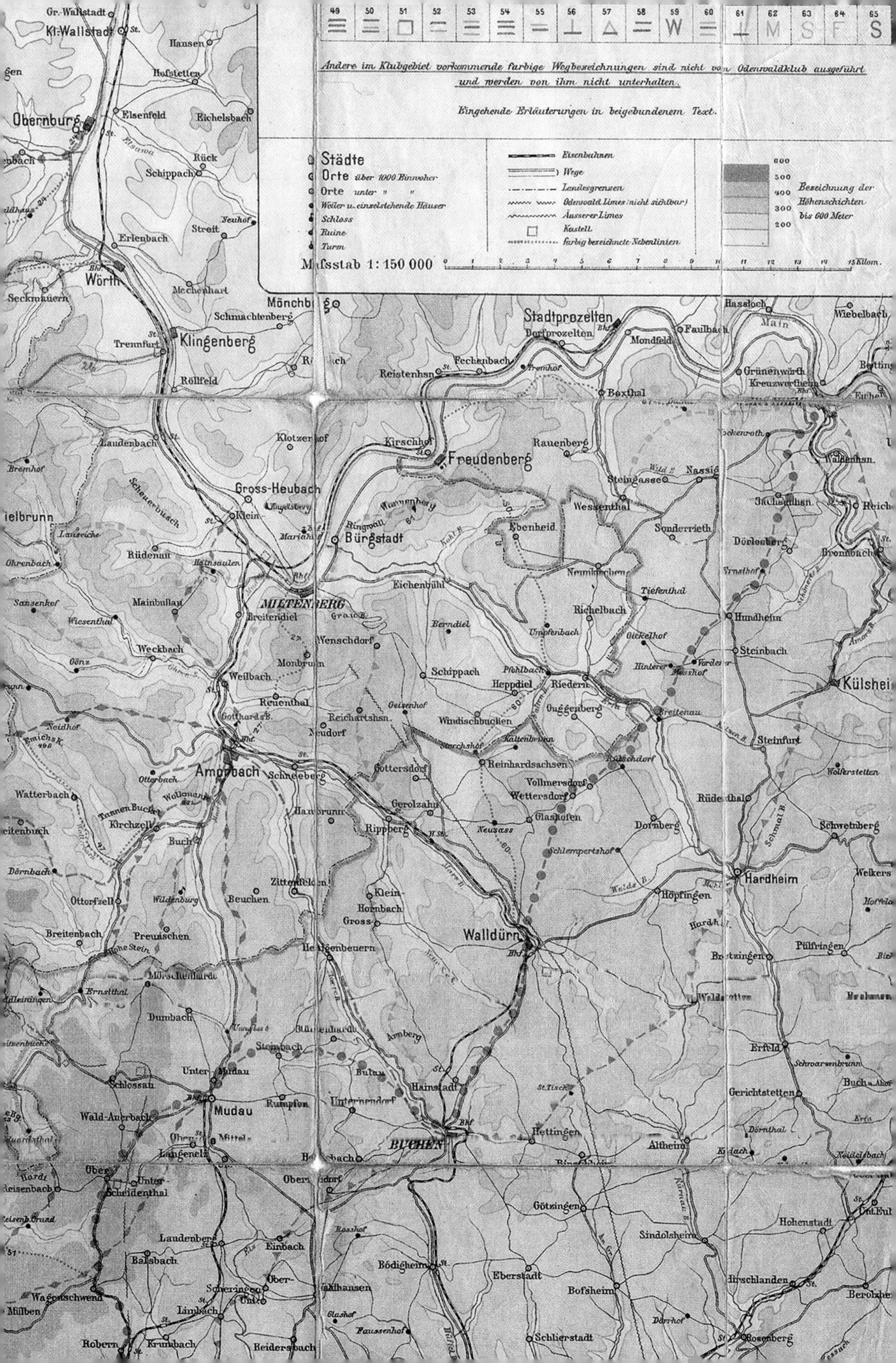

49 50 51 52 53 54 55 56 57 58 59 60 61 62 63 64 65
W
M S F S
Andere im Klubgebiet vorkommende farbige Wegbezeichnungen sind nicht von Odenwaldklub ausgeführt und werden von ihm nicht unterhalten.
Eingehende Erläuterungen in beigebundenem Text.
Städte
Orte über 1000 Einwohner
Orte unter " "
Weiler u. einzelstehende Häuser
Schloss
Ruine
Turm
Eisenbahnen
Wege
Landesgrenzen
Odenwald Limes (nicht sichtbar)
Äusserer Limes
Kastell
farbig bezeichnete Nebenlinien
600
500
400
300
200
Bezeichnung der Höhenschichten bis 600 Meter
Mafsstab 1:150 000
0 1 2 3 4 5 6 7 8 9 10 11 12 13 14 15 Kilom.
Gr.-Wallstadt
Kl.-Wallstadt
Hausen
Hofstetten
Obernburg
Elsenfeld
Eichelsbach
Rück
Schippach
Streit
Neuhof
Erlenbach
Wörth
Seckmauern
Mechenhart
Mönchberg
Schmachtenberg
Trennfurt
Klingenberg
Röllfeld
Stadtprozelten
Dorfprozelten
Hasslach
Faulbach
Wiebelbach
Main
Mondfeld
Fechenbach
Reistenhsn
Grünenwörth
Kreuzwertheim
Boxthal
Laudenbach
Klotzenhof
Kirschhof
Freudenberg
Rauenberg
Steingasse
Nassig
Waldenhsn
Gross-Heubach
Klein-
Bürgstadt
Ebenheid
Wessenthal
Sachsenhsn
Sonderrieth
Dörlesberg
Bronnbach
Rüdenau
Neunkirchen
Tiefenthal
Eichenbühl
MILTENBERG
Mainbullau
Breitendiel
Richelbach
Hundheim
Berndiel
Wenschdorf
Umpfenbach
Steinbach
Weckbach
Monbrunn
Schippach
Pfohlbach
Riedern
Heppdiel
Külsheim
Weilbach
Reuenthal
Windischbuchen
Ouggenberg
Breitenau
Reichartshsn
Neudorf
Reinhardsachsen
Steinfurt
Amorbach
Schneeberg
Gottersdorf
Vollmersdorf
Wettersdorf
Watterbach
Gerolzahn
Hambrunn
Rippberg
Glashofen
Rüdenthal
Kirchzell
Neusass
Dornberg
Schweinberg
Buch
Hardheim
Ottorfzell
Wildenburg
Beuchen
Zittenfelden
Klein-
Hornbach
Gross
Höpfingen
Breitenbach
Preunschen
Walldürn
Heiligenbeuern
Bretzingen
Pülfringen
Mörschenhardt
Ernstthal
Dumbach
Steinbach
Amberg
Erfeld
Unter-Mudau
Schlossau
Mudau
Rumpfen
Unterneudorf
Hainstadt
Wald-Auerbach
Gerichtstetten
Langenelz
Hettingen
Buchen
Altheim
Ober-
Unter-
Scheidenthal
Götzingen
Laudenberg
Einbach
Sindolsheim
Hohenstadt
Balsbach
Bödigheim
Eberstadt
Hirschlanden
Wagenschwend
Scheringen
Ober-
Waldhausen
Bofsheim
Limbach
Robern
Krumbach
Beidersbach
Schlierstadt
Rosenberg

Im Hiltersklinger Weg in Hammelbach, 1907.

Leben und Arbeiten im hessischen Odenwald

In Odenwälder Tracht in Langenthal: Der Schreiner Georg Adam Gassert trägt den langschößigen „Mutzen“ mit Seitentaschen und Patten als Ärmelschmuck sowie den seitlich aufgeschlagenen „Dreispitz“. Elisabetha Catherina Gassert trägt einen Rock, darüber eine Schürze, eine Jacke mit langen Ärmeln, ein Schultertuch und als Kopfbedeckung eine Haube, wie sie im Ulfenbachtal gebräuchlich war.

Manfred Göbel

Leben und Arbeiten im hessischen Odenwald

Eine historische Bilderreise

SUTTON HEIMAT

Festzug beim Trachtenfest in Bensheim-Auerbach, 1912.

Einband vorn: Besenbinder in Langenthal
Vorsatz: Odenwaldkarte des Odenwaldklubs mit eingetragenen Wanderwegen
Nachsatz: Blick auf Ober-Hainbrunn im Finkenbachtal
Einband hinten: Weschnitzer Straße in Hammelbach, Siedlungsgebiet „Riebig"
Seite 5: Blick auf Erzbach (Gemeinde Reichelsheim)

Impressum
Sutton Verlag GmbH
Arnstädter Straße 8
99096 Erfurt
www.suttonverlag.de

1. Auflage, 2023
ISBN: 978-3-96303-440-4
Druck: Florjančič Tisk d.o.o. | Slowenien
Gestaltung und Herstellung: Sutton Verlag

Inhalt

Dr. Friedrich Maurer.

Abseits der großen Landstraße

Die hier veröffentlichten Bilder verdanken wir dem Darmstädter Arzt und Odenwaldforscher Dr. Friedrich Maurer. Die meisten wurden zwischen 1907 und 1910 aufgenommen; weitere datieren aus der unmittelbaren Zeit vor Ausbruch des Ersten Weltkriegs und einige wenige aus dem Jahr 1919.

Friedrich Maurer stammte aus einer in Darmstadt ansässigen Familie und wurde am 7. September 1852 geboren. In Darmstadt besuchte er die Schule, absolvierte 1870 erfolgreich die Reifeprüfung und begann sein Studium der Medizin in Heidelberg und Berlin, unterbrochen vom Militärdienst im Großherzoglich Hessischen Leibgarde-Infanterie-Regiment.

1876 erhielt Maurer seine Approbation als Arzt. Nach einigen Jahren als Assistenzarzt in Darmstadt und in Heidelberg ließ er sich 1883 als „prakt. Arzt, Sanitätsrat, Spezialarzt für Chirurgie und Frauenkrankheiten" in Darmstadt nieder. Er heiratete Alice Schmidt, Tochter des Wiesbadener Geheimen Sanitätsrates Schmidt. Ihre Ehe blieb kinderlos.

Im Ersten Weltkrieg war Maurer als Oberstabsarzt und Chefarzt eines Lazarettzuges eingesetzt und nahm nach Kriegsende die Arbeit in seiner Praxis wieder auf. 1921 wurde Maurer Amtsarzt beim Wohlfahrts- und Jugendamt der Stadt Darmstadt. Im gleichen Jahr starb seine Ehefrau. 1928 trat er in den Ruhestand und verbrachte seine letzten Lebensjahre im städtischen Altersheim, wo er am 28. Dezember 1939 im Alter von 87 Jahren verstarb.

Friedrich Maurer unternahm zahlreiche Reisen, besuchte viele Länder Europas, den Nahen Osten, Russland, die USA und Kanada. Von diesen Reisen, bei denen er stets seine Kamera mit sich führte, brachte er umfangreiches Bildmaterial mit, das er für Vorträge nutzte. So berichtete das „Darmstädter Tagblatt" am 14. Februar 1912, dass „einer der beliebtesten Redner des Odenwaldklubs, Herr Sanitätsrat Friedrich Maurer, im Gartensaale des Städtischen Saalbaues [sprach] …, unterstützt durch eine Fülle schöner und lehrreicher Lichtbilder." Und noch im September 1932 meldete die „Dorflinde", die Zeitschrift des Odenwaldklubs, dass Maurers „prächtige Lichtbildervorträge … heute noch stets gern besucht [sind]."

Ab 1907 wandte sich Friedrich Maurer der Erforschung des Odenwaldes zu. Mit seiner Kamera durchstreifte er Dörfer und Weiler und hielt Landschaft und Brauchtum, Handwerk und Hausgewerbe im Bild fest. Dabei benutzte er eine handliche Spreizenkamera mit Trockenplatten, die er selbst entwickelte oder in einem Fotoatelier entwickeln ließ.

Zweimal veröffentlichte Friedrich Maurer Bilder aus dem Bestand seiner Odenwaldaufnahmen. Bereits im Oktober 1907 erschien in Arnold Bergsträßers Hofbuchhandlung in Darmstadt eine Mappe mit 25 Fotografien unter dem Titel „Von Land und Leuten im Odenwald". In seinem zweiten Werk „Unser Odenwald. Ein Kulturbild aus alter und neuer Zeit", das 1914 im Umfang von 80 Seiten mit 138 Bildern erschien, legte Friedrich Maurer einen Schwerpunkt auf Handwerk und Gewerbe. Darüber hinaus umfasste auch diese Veröffentlichung

Porträts, Bilder häuslicher Ausstattung, Trachten und Brauchtum sowie Ortsansichten und Landschaftsaufnahmen.

Im Vorwort zu seiner ersten Veröffentlichung hatte Maurer seine Zielsetzung aufzeigt: Diese Aufnahmen „führen uns in den Odenwald abseits der großen Landstraße. Sie wollen uns in erster Linie mit dem Leben seiner Bewohner bekannt machen und [suchen] manches Volkstümliche, das die wandelvolle Zeit unbarmherzig hinwegfegt, wenigstens im Bilde zu erhalten …"

Dies zeigt Maurer als einen Vertreter der „Heimatbewegung", die im ausgehenden 19. Jahrhundert als Reaktion auf den zunehmenden Prozess der Industrialisierung und Verstädterung entstanden war. Sie brachte eine Vielzahl von Initiativen hervor, die eine Entfremdung der Menschen von der Natur befürchteten und versuchten, aussterbende Lebensart und aussterbendes Brauchtum zu bewahren oder zumindest zu dokumentieren. Dazu zählte auch der Odenwaldklub, der 1882 als Odenwälder Höhen-Club gegründet worden war. Er engagierte sich neben seinen Hauptaufgaben, dem Wandern und dem touristischen Erschließen des Odenwaldes, auch für die Volkskunde. Friedrich Maurer, der der „Section Darmstadt" des Odenwaldklubs angehörte und in deren Vorstand mitarbeitete, fand hier wichtige Anstöße zu seinen Odenwaldforschungen.

Ich danke dem Odenwaldklub Darmstadt, namentlich dem Vorsitzenden Fritz E. Müller, der die Fotoalben, in denen Maurers Bilder überliefert sind, aufbewahrt und sie für diese Veröffentlichung zu Verfügung gestellt hat. Ich danke auch dem Leiter des Stadtarchivs Darmstadt, Dr. Peter Engels, mit dessen Erlaubnis weitere Aufnahmen des Stadtmuseums Darmstadt hier veröffentlicht werden können.

Dank Maurers akribischer Arbeit, die meisten seiner Bilder mit Ortsangaben und Informationen zu Personen zu versehen, konnten viele Bilder heutigen Gegebenheiten zugeordnet werden. Dabei waren mir folgende ortskundige Personen behilflich, denen mein herzlicher Dank gebührt: Ursula Gassert (Langenthal), Bürgermeister i.R. Manfred Heiss (Sensbachtal), Gerald Keller (Rohrbach), Ludwig Knapp (Fürth), Walburga Knapp (Weschnitz), Georg Krell (Groß-Bieberau), Horst Matthes (Modau), Erna Mollik-Pastré (Modau) und Bürgermeister Markus Röth (Hammelbach).

Bildnachweis

Odenwald-Klub (Hg.), Karte mit Erläuterung der farbig bezeichneten Touristenwege in Odenwald, Bergstraße, Main- und Neckartal, 9. Auflage, o.J.: Vorsatz

Stadtarchiv Darmstadt: S. 108, 115, 116, 117.

Alle anderen Bilder sind den Fotoalben von Friedrich Maurer entnommen, die sich im Besitz des Odenwaldklubs Darmstadt befinden und vom Wirtschaftsarchiv Darmstadt digitalisiert wurden.

1 Land und Leute

Für seine Streifzüge durch den Odenwald zu Beginn des 20. Jahrhunderts konnte Maurer zwei Strukturen nutzen: die Eisenbahn und den Odenwaldklub.

Maurer stand ein gut ausgebautes Schienennetz zur Verfügung. Von den Bahnhöfen aus konnte er seine Wanderungen beginnen und so auch zu den eher abgelegenen Ortschaften gelangen. Mit der in Darmstadt beginnenden Odenwaldbahn gelangte er nach Reinheim, wo er in die Gersprenztalbahn umsteigen konnte. Diese Bahn, liebevoll „Odenwälder Lieschen" genannt, führte von Reinheim südwärts bis Reichelsheim. Sie wurde in den 1960er-Jahren stillgelegt, ebenso wie die von Reinheim nordwärts nach Dieburg führende Teilstrecke der Rodgaubahn. Zurück nach Reinheim konnte Maurer mit der Odenwaldbahn nach Wiebelsbach-Heubach fahren und dort, dem Mümlingtal folgend, über Michelstadt und Erbach bis ins badische Eberbach gelangen. Mit der Main-Neckar-Bahn, die von Frankfurt über Darmstadt nach Heidelberg führt, erreichte Maurer nicht nur die Orte an der Bergstraße. Ab Weinheim führte ihn die Weschnitztalbahn nach Fürth, und auf dem Weg dahin konnte er in Mörlenbach in die Überwaldbahn umsteigen, um über Waldmichelbach in das Ulfenbachtal zu gelangen. Die Überwaldbahn wurde in die 1980er-Jahren stillgelegt.

Maurers Bilder von Land und Leuten sind im vorliegenden Bildband diesem Schienennetz folgend angeordnet. Die Anordnung folgt damit zugleich den heutigen Kreisgrenzen – vom Landkreis Darmstadt-Dieburg in den Odenwaldkreis und anschließend in den Landkreis Bergstraße.

Der Odenwaldklub umfasste 1907 im 25. Jahr seines Bestehens 66 Ortsgruppen. Er hatte ein ausgedehntes Netz markierter Wanderwege angelegt, zuverlässige Wanderkarten veröffentlicht, an markanten Punkten im Odenwald Aussichtstürme und Schutzhütten errichtet und durch die damit verbundene Intensivierung des Fremdenverkehrs auch einen wichtigen Beitrag zur wirtschaftlichen Entwicklung auf diesem Gebiet geleistet. So boten sich Maurer durch seine Ausflüge mit dem Odenwaldklub und über die Ortsgruppen gute Anknüpfungsmöglichkeiten, um vor Ort mit Menschen in Kontakt zu kommen und deren Vertrauen zu gewinnen. „Anfangs zurückhaltend, aber niemals abstoßend, freuen sie sich, sobald sie merken, daß man ihrem Tun und Treiben, ihrer Person ein ernstes Interesse entgegenbringt", schrieb Maurer 1914 über diese Kontakte.

Viele Bilder zeigen, wie nah die fotografierten Personen Maurer an ihr Leben herangelassen haben. Dies gilt insbesondere für Porträts und die Innenaufnahmen, mit denen Maurer Wohn- und Lebensverhältnisse dokumentiert hat. Sie zeigen Maurer als genauen Beobachter, ausgestattet „mit einem feinem und sicherem Blick für die bildmäßige Wirkung", wie 1932 der Bibliothekar und spätere Direktor der hessischen Landesbibliothek, Karl Esselborn, in einer Würdigung Maurers schrieb. Und die „Dorflinde" stellte im gleichen Jahr fest: „Im ganzen Klubgebiet ist der rüstige Wanderer mit dem wallenden Vollbart wohlbekannt …".

Wanderer nähern sich dem Dorf Asbach, das heute Teil der Gemeinde Modautal ist. Sie waren auf dem Weg zur Neunkircher Höhe, der mit 605 Metern höchsten Erhebung im hessischen Odenwald, wo am 12. Mai 1907 der neu errichtete Kaiserturm eingeweiht wurde.

Die Festgesellschaft traf sich am Ohly-Denkmal unter der Linde in Neunkirchen. Das 1895 vom Odenwaldklub errichtete Denkmal erinnert noch heute an den Darmstädter Oberbürgermeister Albrecht Ohly, der von 1888 bis zu seinem Tod am 20. Dezember 1891 zugleich Vorsitzender des Odenwaldklubs war.

Im Drei-Kaiser-Jahr 1888 errichtete der Odenwaldklub auf der Neunkircher Höhe unweit der Gersprenzquelle einen hölzernen „Kaiser-Turm". 1904 fiel er einem Sturm zum Opfer. Im Rahmen der Feierlichkeiten zum 25-jährigen Bestehen des Odenwaldklubs wurde der neue, nun in Stein gemauerte und 34 Meter hohe Turm eingeweiht. In den 1980er-Jahren folgte eine Sanierung. Der Turm ist bewirtschaftet und beherbergt heute „ die höchste Wirtschaft" des Odenwaldes.

1919 fotografierte Maurer den Festzug in Rohrbach bei Ober-Ramstadt. Alljährlich wird hier am Johannistag an die Ansiedlung der aus dem Piemont geflüchteten Waldenser in Rohrbach, Wembach und Hahn im Jahr 1699 erinnert. Mit laubgeschmückten Ackerwagen wurde die Ankunft der seinerzeit 48 Familien dargestellt.

Maurer war zu Gast bei der Familie des Drehermeisters Adam Guyot II, hier links zu sehen, gemeinsam mit seiner Ehefrau und ihren drei Kindern sowie Mitgliedern der Familie Lantelme, in die seine Tochter Magdalena eingeheiratet hatte. Diese und weitere Familiennamen erinnern noch heute an die Herkunft der Waldenserfamilien.

Viele Zuschauer bestaunten das Können des Hochseilartisten, der auf dem Marktplatz in Ober-Ramstadt auftrat.

Auf diesem Bild bereitet Frau Sophie Kropp aus Ernsthofen (Modautal) Handkäse zu. Sie hat die bereits getrockneten Käse auf einem Tuch ausgebreitet und wird sie zum Reifen in einen Topf legen, bis sich an der Oberfläche der Handkäse eine goldgelbe Schicht bildet. Dann sind sie reif zum Verzehr.

An einem Webkästchen demonstriert Frau Margarethe Mager aus Nieder-Modau (Modautal) die Herstellung von Bändeln. ↓

Bei einem Ausflug des Odenwaldklubs nach Groß-Bieberau fotografierte Maurer 1908 das Haus des Vieh- und Getreidehändlers Löb Haas. Das Anwesen wurde 1939 abgebrochen; hier mündet heute die Jochartstraße in die Marktstraße.

← Blick zum Otzberg, auf dem sich die Gemeinde Hering und die Veste Otzberg befinden. Der Basaltkegel, ein erloschener Vulkan, gab den sechs Ortschaften, die sich am 31. Dezember 1971 zu einer Gemeinde zusammengeschlossen haben, den Namen.

Der Ort Hering auf dem Otzberg war bis zur Gebietsreform die kleinste Stadt Hessens. Der Ortskern ist aus der Burgmannensiedlung der Veste Otzberg hervorgegangen. Das Foto zeigt links den abgedeckten Dorfbrunnen, dahinter die Straße Am Burgmannenhaus, rechts die Einmündung des Burgwegs.

← Das Rathaus im Otzberger Ortsteil Lengfeld stand früher mitten auf der Straße. Der gesamte Verkehr auf der Bismarckstraße führte – auf dem Foto von rechts nach links – unter dem Rathaus hindurch. Erst 1972 konnte durch Erwerb und Abriss eines Hauses die Straße um das Rathaus herum geführt werden. Im Erdgeschoss des Rathauses befindet sich heute das Klubheim des örtlichen Odenwaldklubs. Im Obergeschoss ist das von Gerd J. Grein und Hubert Alles begründete Museum für Odenwälder Volkskultur eingerichtet.

„Das Steinhauerdorf Heubach i/O. gegen dessen Verseuchung durch Tuberkulose gegenwärtig angekämpft wird", kommentierte Maurer dieses Bild, das er mit der Unterschrift „Jauchrinnsal im Hof" versehen hatte. Mit „Steinhauerdorf" verwies er auf den Sandstein, der seit Anfang des 19. Jahrhunderts in der Nähe des Dorfes abgebaut wurde.

In Heubach, heute Stadtteil von Groß-Umstadt, dokumentierte Maurer auch die beengten Wohnverhältnisse, in denen viele Familien – zumeist Kleinbauern und Handwerker – lebten. Das obere Bild zeigt zwei Küchen in einem Raum in einem offenbar von mehreren Familien genutzten Haus. Auf dem unteren Bild sitzt der Vater mit seinen vier Kindern zwischen Esstisch und Bett.

Das kleine Haus mit dem auffälligen Eingang stand in Brensbach in der Straße Römerweg / Ecke Heidelberger Straße.

Der Gänsehirt der Gemeinde Brensbach zeigte sich dem Fotografen in großer Gelassenheit bei seiner Arbeit. →

Die „Kerb", das Kirchweihfest, war im Jahresverlauf das bedeutendste Fest im Dorf, mitunter auch das einzige. Um den Kerbtanz entstanden zahlreiche Bräuche, vom Abholen der Kerb bis zu deren symbolischem Begräbnis. Wie hier in Fränkisch-Crumbach durfte bei dem Fest das Karussell, „Reitschul" genannt, nicht fehlen. →

Vor der Laudenauer Freiheit fotografierte Maurer 1908 den Landschaftsmaler August Wondra bei seiner Arbeit. Der aus Darmstadt stammende Wondra lebte in Lützelbach, heute Teil der Gemeinde Modautal, wo er einen Künstlerkreis um sich versammelte. Laudenau ist heute ein Ortsteil von Reichelsheim. Die „Freiheit", ehemals Gutshof und Gerichtsstätte, später auch Gasthof, verweist auf die historische Lage im Grenzschnittpunkt dreier Herrschaftsgebiete.

In mehreren Bildern dokumentierte Maurer die beiden Grundformen der Bauernhäuser im Odenwald. Das fränkische Bauernhaus war Teil einer Hofreite, in der Wohnhaus, Ställe und Scheunen in einem Viereck angeordnet waren. Das alemannische Bauernhaus war über einem hohen Sockel errichtet, in dem sich Ställe und Wirtschaftsräume befanden. Die fränkische Hofreite fotografierte Maurer in Ober-Kainsbach, das alemannische Bauernhaus in Ober-Ostern. Beide Orte gehören heute zur Gemeinde Reichelsheim.

Zu Ober-Ostern gehört die südlich des eigentlichen Ortes liegende Siedlung „Die Alme". Der Name verweist auf „Allmende", also auf ehemals in Gemeinschaftsbesitz befindliche landwirtschaftliche Nutzflächen. Das Bild zeigt das Haus Erzbacher Weg 18, damals Wohnhaus des Polizeidieners Johann Philipp Meister.

Zu den Aufgaben des Polizeidieners gehörte das Verlesen von Bekanntmachungen. In dieser wohl arrangierten Szene erledigt Meister die Bekanntmachungen vor seiner Haustüre.

Die Wasserversorgung auf der Alme erfolgte über zumeist hauseigene Brunnen.

„Der gestrenge Herr Förster", schrieb Maurer unter dieses Foto. In einer offenbar gestellten Szene ermahnte Förster Georg Matthias Hildenbeutel zwei Kinder, die – vermutlich in einer Schonung – verbotenerweise Holz und Heidelbeeren gesammelt hatten.

Familie des Webers Nicklas auf der Alme in Ober-Ostern.

Diese Aufnahme im Haus der Familie Nicklas versah Maurer mit folgendem Hinweis: „... je schwerer das Federbett, oft bis zu 25 Pfund, desto größer der Wohlstand – ja, bei Taufe wurden, um den Eindruck des Reichtums zu erhöhen, noch hohe Waschkörbe unter das Federbett gestellt."

Im Haus des Leinwebers Adam Baltz (heute: Erzberger Weg 8 auf der Alme) war die „Äppelquetsch“ in Betrieb. In einem Holztrog wurden die Äpfel durch einen rundlaufenden Mühlstein zerquetscht.

Anschließend wurden sie in der Kelter ausgepresst. Der Druck in der Kelter wurde durch einen Hebelarm erzeugt, den der Sohn von Adam Baltz, Georg, mit Steinen beschwerte. Ein Helfer gießt den gewonnenen Saft in ein Fass, wo er zu Apfelwein vergärt.

Das „Lärmfeuer" in der Gemarkung Ober-Mossau gehörte zu einer Kette von Signalstationen, die am Rhein begann und quer durch den Odenwald führte. Hier standen Reisighaufen und Holzstöße bereit, um bei drohender Gefahr entzündet zu werden. Der von Maurer fotografierte Aussichtsturm auf dem „Lärmfeuer" war schon der zweite vom Odenwaldklub dort errichtete Turm. Zu Ehren von Forstmeister Wilhelm Ihrig, der der erste Vorsitzende des Odenwaldklubs gewesen war, nannte man ihn Ihrig-Turm. Er musste 1919, wie bereits der vorherige, wegen Baufälligkeit abgetragen werden. Ein dritter Turm, 1931 errichtet, stand bis 1951. Heute befindet sich hier die 1964 eingeweihte Ihrig-Hütte.

Das Fuhrwerk war auf der Straße von Höchst nach Sandbach unterwegs. Sandbach gehört heute zur Stadt Breuberg. Die Burg Breuberg, im Hintergrund zu sehen, gab der im Rahmen der Gebietsreform 1971 entstandenen Stadt ihren Namen.

Das bereits Mitte des 17. Jahrhunderts urkundlich erwähnte Marktkreuz im Breuberger Stadtteil Neustadt steht in der Nähe des Marktplatzes. Es ist ein Symbol für den Marktfrieden, den jeder beim Marktgeschehen genoss. Die links am Querbalken des Kreuzes zu sehende aufrecht stehende Schwurhand und das rechts hängende Schwert sind Symbole des königlichen Schutzes für den Marktfrieden.

In Breitenbrunn, heute Teil der Gemeinde Lützelbach, fotografierte Maurer „Frau Rudolf mit dem Kartoffelquetscher". Laut Maurers Erläuterung wurden die zerquetschten Kartoffeln als Zusatz zum Brotmehl verwendet.

Das Bild zeigt die Mainstraße in Bad König, das damals nur „König" hieß. Die Anfänge als Kurbad gehen zwar bis ins 19. Jahrhundert zurück; die Namensänderung – verbunden mit der staatlichen Anerkennung – erfolgte aber erst im Jahr 1948. Im zweiten Haus von links, Mainstraße 26, befand sich eine Horndreherei und Pfeifenfabrik. Daran erinnert heute eine Gedenktafel an der Hauswand des umgebauten Gebäudes.

Leider gab Maurer keinen Hinweis darauf, in welchem Wohnzimmer in Bad König dieser aus Eisengussplatten gebaute Ofen stand.

← ↙ Im Michelstädter Stadtteil Vielbrunn dokumentierte Maurer die traditionelle Arbeit mit dem Dreschflegel und das Reinigen des Getreides mit der handbetriebenen „Windmühle".

Am gleichen Ort zeigte Maurer auch den technischen Fortschritt: Die von einer Dampflokomobile angetriebene Dreschmaschine ersetzte den Dreschflegel.

Das 1484 erbaute, denkmalgeschützte Rathaus von Michelstadt ist eines der bekanntesten Bauwerke im Odenwald.

Mitten in der Stadt Beerfelden befindet sich die Mümlingquelle. Sie ist in dem „Zwölf-Röhrenbrunnen" gefasst, der 1810 eine ältere Anlage ablöste. Die Brunnenanlage ist das Wahrzeichen Beerfeldens.

Die „Dicke Eiche", bei der die drei Kinder stehen, befand sich an der Straße von Beerfelden nach Airlenbach. Ihr Umfang betrug 8,30 Meter, ihre Höhe etwa 25 Meter und ihr Alter wird auf ca. 800 Jahre geschätzt. Trotz verschiedener, im Laufe der Zeit vorgenommener Sanierungsversuche drohte die Eiche zusammenzubrechen, sodass sie am 3. Dezember 2012 bis auf einen Torso reduziert werden musste. Dieser ist aber immer noch beeindruckend.

Oberhalb des langgezogenen Beerfelder Stadtteils Gammelsbach befindet sich die Ruine der Burg Freienstein. Maurer fotografierte sie an der Einmündung des Mühlwegs in die Neckartalstraße.

Der Kurort Lindenfels im Kreis Bergstraße trägt stolz den Titel „Perle des Odenwaldes". Das Bild zeigt die Wilhelm-Baur-Straße. Im Hintergrund ist der Bürgerturm zu erkennen, der im 14. Jahrhundert als Teil der Stadtmauer errichtet wurde.

Die Eselsmühle an der Straße von Ellenbach nach Fürth ist heute ein Gasthaus.

Das Foto, das am südlichen Ortseingang des Fürther Ortsteils Ellenbach entstand, verwendete Maurer 1914 als Titelbild für seinen Bildband.

Der Hetzbacher Postwagen verkehrte auf der heutigen Bundesstraße 460 von Fürth nach Hetzbach bei Beerfelden. Postkutscher war Valentin Seip.

Vor Fürth beobachtete Maurer das „Stecken" der Saatkartoffeln in die vorbereiteten Furchen. Die Kartoffel war im Odenwald das Hauptnahrungsmittel und stand bei ärmeren Menschen oft auch bei jeder Mahlzeit auf dem Tisch. Der Spruch „Kartoffeln in der Früh, zu Mittag in der Brüh, des Abends mitsamt dem Kleid, Kartoffeln in Ewigkeit" galt auch im Odenwald.

Arbeitspause auf dem Feld, vermutlich mit Malzkaffee und vielleicht Latwergebrot (mit Pflaumenmus bestrichenes Brot) oder Brot mit „Schmierkäse". Zur Erntezeit im Herbst bekamen die Schulkinder „Kartoffelferien", um auf den Feldern mithelfen zu können.

In Weschnitz (heute Ortsteil von Fürth) hatte Friedrich Maurer mit mehreren Familien Bekanntschaft geschlossen. Das Bild zeigt das Wohnhaus der Familie Eisenhauer; es hat heute die Hausnummer 27 in der Hammelbacher Straße.

← Maurer fotografierte die Familie Eisenhauer auf der Bank vor ihrem Wohnhaus. Er merkte an, dass Eva Elisabeth und Josef Eisenhauer in jenem Jahr (1907) das Fest der Goldenen Hochzeit feiern konnten.

Friedrich Maurer verkehrte in Weschnitz im „Erbacher Hof", wo er bei seinen Odenwaldtouren auch übernachten konnte. Das „Landes-Adreßbuch für das Großherzogtum Hessen" von 1905 verzeichnete den Gasthof in der Hammelbacher Straße 2 als „Pension, angen. Aufenthalt für Sommerfrische, Telephon und Posthülfsstelle". Das Foto zeigt Maurer in der Bildmitte mit dem Besitzer des „Erbacher Hofes" Leonhard Müller (rechts) und dem ursprünglich aus Lützelbach stammenden Franz Müller.

← Am Mittagstisch der Familie von Johann Arnold. Die Familie betrieb ihren Bauernhof in der Hammelbacher Straße 6.

Der „Erbacher Hof" war nicht nur Treffpunkt für die Weschnitzer Bauern zum Feierabend oder beim sonntäglichen Frühschoppen, er war auch Rastplatz für den Briefträger Ludwig Holz, der die Post zu Fuß von Fürth über Krumbach und Brombach nach Weschnitz brachte.

Franz Müller lässt sich vom Barbier einseifen. Barbiere kümmerten sich nicht nur um die Rasur, sie waren oft zugleich Dentisten und Heilgehilfen und somit ein wichtiger Teil der gesundheitlichen Versorgung der Landbevölkerung. Ob Franz Müller seinen eindrucksvollen Bart wirklich abnehmen ließ, geht aus Maurers Fotografien nicht hervor.

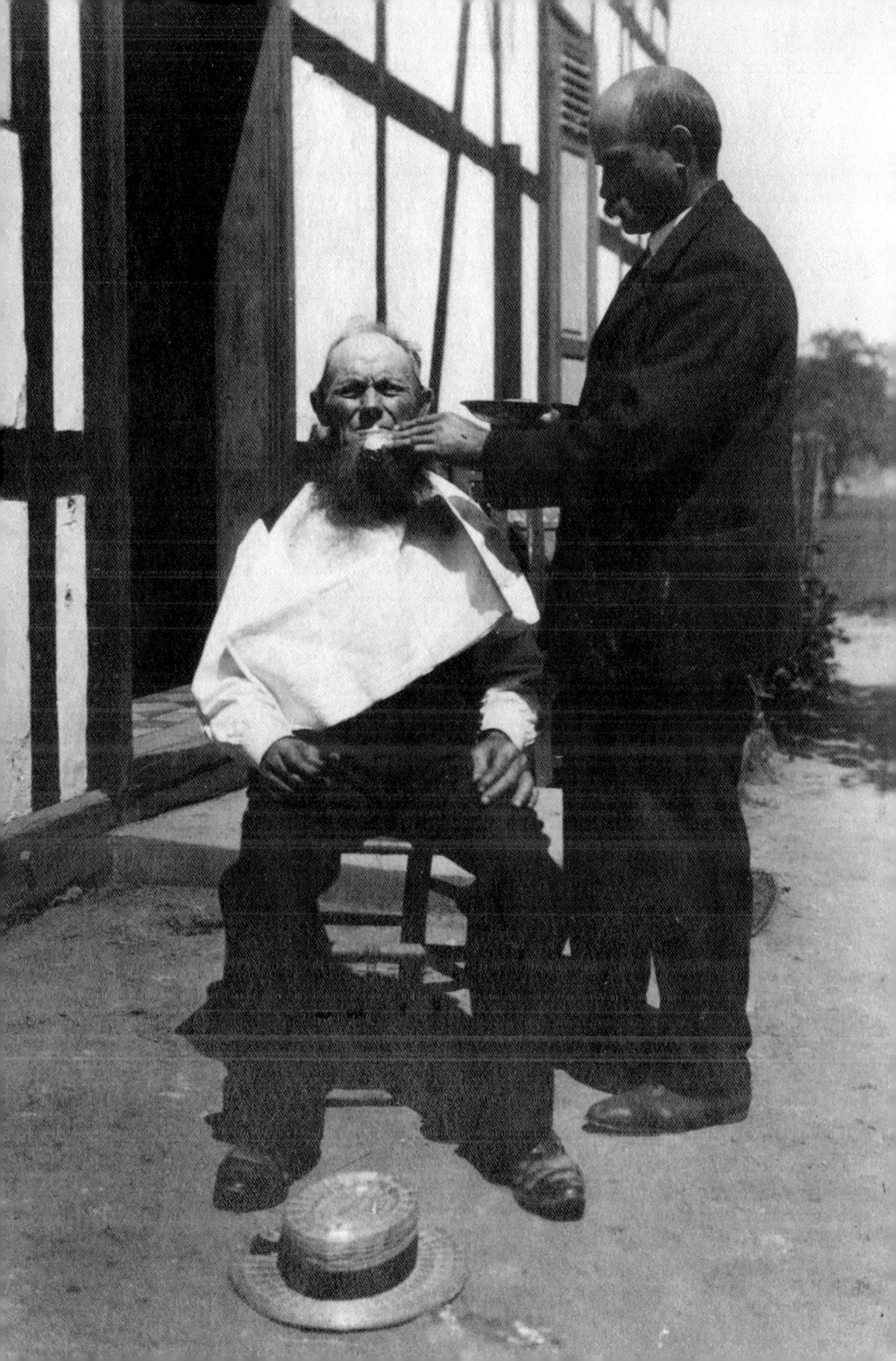

Johann Arnold mit Familienangehörigen bei der Heuernte. →

In einer Sequenz von insgesamt vier Aufnahmen demonstrierte Franz Müller das Mähen mit der Sense. Das linke Foto lässt die Drehbewegung erkennen, mit der Müller das Sensenblatt bogenförmig über den Boden zog und dabei das Gras abschnitt. Auf dem rechten Foto schärft Müller die Sense mit einem Wetzstein, der in einem wassergefüllten Behälter mitgeführt wurde.

Die Heuernte wird eingebracht. Das Foto entstand in Hammelbach (heute Ortsteil von Grasellenbach) im Siedlungsteil „Riebig“. →

In Hammelbach sind mehrere Bilder mit Kindern entstanden. Das Foto mit der neugierigen Hammelbacher Kinderschar entstand im Hilterklinger Weg. Wir können heute kaum nachempfinden, welches Aufsehen Maurer mit seinem Fotoapparat damals in den Odenwalddörfern erregte. Für die Kinder war er sicher eine kleine Sensation. ➔

Das Bild dieses Jungen versah Maurer mit dem Kommentar „Strohgamaschen gegen Sonnenbrand".

Zwei Jungen spielen „Bickelsches". Dieses Spiel mit aus Ton gefertigten Murmeln gehörte früher zum alltäglichen Straßenbild. Jeder Mitspieler hatte eine bestimmte Anzahl Bickel. Ziel war, die Bickel in ein Ziel, das „Bickelloch", zu bringen, zuerst durch Werfen, dann durch Schnippen der noch nicht im Ziel gelandeten Bickel. Konnte man einlochen, durfte man mit einem anderen Bickel weitermachen. Konnte man es nicht, war der nächste Mitspieler dran, bis alle Bickel im Loch waren. Dann galt: Wer den letzten Bickel einlochte, hatte gewonnen und erhielt alle im Spiel befindlichen Bickel. ➔

Wo fotografierte Maurer diesen Gemeindebackofen?

Maurer kam auch nach Korsika, den Weiler, der zu Unterschönmattenwag im Ulfenbachtal und somit zur Gemeinde Wald-Michelbach gehört. Er fotografierte die Kreuzung der beiden Straßen in Korsika und kehrte wohl auch in die gleichnamige Gaststätte ein, die sich rechts hinter der Kreuzung befand.

Ein besonderes Interesse hatte Maurer an der Gemeinde Langenthal im Ulfenbachtal, die seit 1972 zur Stadt Hirschhorn gehört. Auf dem Bild geht Lehrer Johann Heinrich Hörr mit seinem Sohn die Ulfenbachstraße hinauf. Im Hintergrund steht an der Straße das 1898/99 erbaute Schulhaus, das zugleich Rathaus war und in dem auch die evangelischen Gottesdienste gefeiert wurden.

In Langenthal wurden zu Beginn des 20. Jahrhunderts alte Bräuche wiederbelebt. Initiatoren waren der Pfarrer von Hirschhorn und spätere Prälat der evangelischen Landeskirche in Hessen, Dr. Wilhelm Diehl, und Lehrer Hörr. Dazu gehörte das „Feuerrad", ein kunstvoll mit Stroh umwickeltes Rad, das an Fastnachtsdienstag ins Tal hinabgerollt wurde und die Austreibung des Winters symbolisierte. Im Anschluss lud im Gasthof „Zur Linde" die „Spinnstube" mit Vorführungen an den Spinnrädern, mit Volksliedern und Volkstänzen ein. Die Veranstaltung wurde alljährlich von Ortsgruppen des Odenwaldklubs besucht; 1908 nahm auch Friedrich Maurer daran teil. Der Brauch des „Feuerrades" hat sich bis heute erhalten.

In der „Spinnstube" wurde auch Theater gespielt. Die von Maurer fotografierte Szene zeigt laut seiner Erläuterung „das Festsetzen des Leibgedings vor der Hochzeit". Dies erfolgte, wenn mit der Hochzeit die Übergabe des Hofes an den Sohn verbunden war, und die dem abgebenden Vater zustehenden Mittel festgelegt wurden. Den Altbauern spielte der Schreiner Georg Adam Gassert, den protokollierenden Ratsdiener stellte der Lebensmittelhändler Karl Gassert dar. Im Anschluss daran folgte der „Gang des Hochzeitspaares zur Kirche", wie Maurer unter diese Fotografie schrieb.

Bei Hirschhorn am Neckar verband eine Fähre die beiden Ufer. Am rechten Bildrand befindet sich heute die 1933 fertiggestellte Staustufe, über die eine Straße führt und die somit die Verbindung zwischen Hirschhorn und seinem auf der Neckarschleife gelegenen Stadtteil Ersheim herstellt. Zu Maurers Zeit befanden sich hier außer der Ersheimer Kapelle nur wenige Häuser.

2

Handwerk und Handel

Überregionale Bedeutung erhalten die Fotografien Maurers durch die Bilder, die Menschen bei der Arbeit zeigen. Dies gilt insbesondere für seine Dokumentation des Odenwälder Handwerks, darunter Tätigkeiten, die bereits zu seiner Zeit kaum noch oder nicht mehr ausgeübt wurden. Ganz im Sinne der „Heimatbewegung" schrieb Maurer dazu 1914 in dem von ihm veröffentlichten Bildband: „Auch im Odenwald hat der Zug der ländlichen Arbeitskräfte nach der Stadt, nach den Fabriken, die überhandnehmende Nachahmung städtischer Einrichtungen und Gepflogenheiten, die billigere fabrikmäßige Herstellung der Gebrauchsgegenstände ein gut Teil altländlicher Betriebe in Landwirtschaft und Gewerbe allmählich abnehmen oder ganz verschwinden lassen und auch im Hauswesen das charakteristische Gepräge bäuerlich altväterlichen Wesens vielfach verwischt."

Maurer legte großen Wert auf die genaue Darstellung der Tätigkeiten und der Werkstätten. Für die Aufnahme bei dem Klein-Zimmerner Schachtelmacher Sachs ist überliefert, dass die Werkstatt umgeräumt und das Bild so arrangiert wurde, dass es mehrere Arbeitsschritte zeigt. Hier – wie auch bei anderen Tätigkeiten – ist nur ein Foto überliefert. Für andere liegen ganze Fotostrecken vor, in denen Maurer die einzelnen Arbeitsschritte festhielt. Dass Maurer dabei systematisch vorging, zeigt eine tabellarische Übersicht, die er dem Bildteil anfügte: „Zahlenmäßige Darstellung der Zu- und Abnahme der einzelnen Betriebe seit 50, 25, 10 Jahren bis jetzt." Basis der darin aufgezeigten Entwicklung von 34 Gewerben war eine von Maurer 1909 und 1910 über die Kreisämter bei allen Ortsvorständen im Großherzogtum Hessen durchgeführte Umfrage. Als im Zusammenhang mit einer Heimarbeitsausstellung in Frankfurt eine ausführliche Untersuchung zur Heimarbeit im rhein-mainischen Wirtschaftsgebiet erschien, wurde bezüglich der Heimarbeit im Odenwald auch auf diese Daten zurückgegriffen.

Aus Maurers Nachlass geht hervor, dass er die von Georg Volk verfasste und 1900 veröffentlichte Landes- und Volkskunde des Odenwalds kannte. Die nachfolgende Anordnung von Maurers Fotos zu Handwerk und Handel orientiert sich im Wesentlichen an der in dieser Landeskunde vorgenommenen Gliederung. Am Anfang stehen Landwirtschaft und Viehzucht als Haupterwerbsquellen der Bevölkerung, verbunden mit der Forstwirtschaft und den auf landwirtschaftlichen Produkten beruhenden Tätigkeiten. Auf die Verarbeitung von Bodenbestandteilen folgen die zahlreichen Tätigkeiten zur Be- und Verarbeitung von Holz. Sie machen die hohe Bedeutung des Waldes als Rohstofflieferant deutlich. Die Verarbeitung von Horn und Knochen sowie Berufe der Metallverarbeitung schließen sich an.

Arbeit in der Landwirtschaft und als Handwerker schlossen sich nicht aus – im Gegenteil. Ein Gewerbe allein reichte oft nicht zur Sicherung des Lebensunterhaltes, sodass mancher Bauer zugleich ein weiteres Gewerbe betrieb, sei es als Handwerker oder als Heimarbeiter in der Hausindustrie.

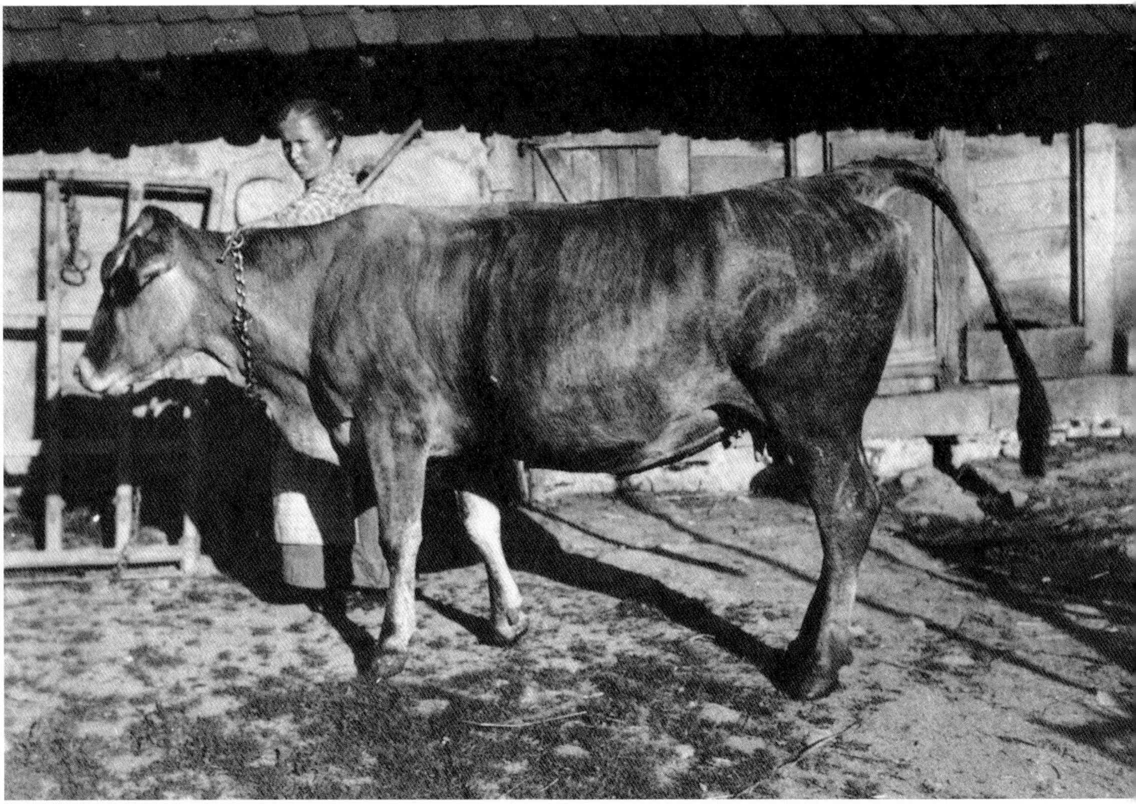

← „Der alte Odenwälder schwarz gestreifte, wolfsträhnige Rindviehschlag ist fast verschwunden", merkte Maurer zur Veröffentlichung dieses in Weschnitz aufgenommenen Fotos an. Im Hintergrund steht Frau Barbara Müller. „Eine Kuh deckt viel Armut zu", sagt ein Sprichwort. Die Kuh lieferte Milch, ihre Zugkraft konnte genutzt und bei einem Verkauf noch ein Gewinn erzielt werden.

In Unter-Sensbach beobachtete Maurer die Schafschur auf dem Hof von Johann Adam Irig. „Das Scheren (um Johanni) ist keine angenehme Sache, denn die geknebelten Tiere teilen gelegentlich recht kräftige Fußtritte aus", berichtete Maurer. Dass die Schafzucht im Odenwald seit einiger Zeit rückläufig war, wie Maurer feststellte, war eine Folge der gesunkenen Wollpreise.

← Ein Ochsengespann im Doppeljoch, aufgenommen in Unter-Sensbach (Gemeinde Sensbachtal). Das Verbot des starren Doppeljochs, das Maurer in seiner Veröffentlichung 1914 als „Marterinstrument" bezeichnete, begrüßte er ausdrücklich.

Das Bild zeigt den Groß-Zimmerner Federviehhändler Karl Hack mit der traditionellen „Käize" auf dem Rücken. Er gehörte zu den Händlern, die in den Odenwaldgemeinden Federvieh aufkauften, um es entweder an Großhändler oder direkt auf den Märkten in Darmstadt und Frankfurt anzubieten. Groß-Zimmern war zu dieser Zeit eine Hochburg des Federviehhandels. Hier waren mehrere Großhändler ansässig; Maurer schrieb von einem jährlichen Umsatz von über 1 Million Stück, hauptsächlich Hühner und Gänse. Die Frau auf dem (offenbar inszenierten) Foto wird dem gelernten Maurer Karl Hack die Taube nicht abgekauft haben, denn er stand vor seiner eigenen Haustür in der Beinestraße 38.

Zu Beginn des 20. Jahrhunderts verzeichnete die Bienenzucht Zuwächse, auch, weil auf Initiative von Volksschullehrern Imkervereine gegründet worden waren. Den Imker fotografierte Maurer in Unter-Sensbach; die Herstellung eines Bienenkorbes zeigte ihm Jakob Helm, Taglöhner in Schönbrunn (heute Teil der Gemeinde Wald-Michelbach). Stroh wurde zu einem Bund geformt, spiralförmig gewunden und durch Haselschienen verbunden. Auf dem Bild zieht Jakob Helm Haselschienen durch die bereits gefertigten Strohwindungen.

Georg Wolf demonstrierte in Fränkisch-Crumbach die Aussaat mithilfe eines Säsacks.

Martin Quick war einer der Samenhändler aus Unter-Scharbach (heute Teil der Gemeinde Grasellenbach), die Blumen- und Gemüsesamen im Hausierhandel vertrieben.

Auch Gemüse wurde im Hausierhandel verkauft. Hier wiegt ein unbekannter Händler auf seiner Handwaage Zwiebeln ab, die Frau Elisabetha Katharina Hofmann, Wirtin des Gasthauses „Zum Lamm" in Unter-Sensbach, kaufen wollte. →

Im südlichen Odenwald, im Raum Rothenberg und Hirschhorn, fand Maurer noch größere Eichenholzschläge vor, die zur Gewinnung von Eichenrinde angepflanzt worden waren. Die gerbstoffhaltige Eichenrinde wurde seinerzeit noch zum Gerben von Leder verwendet. In Schönbrunn bei Unterschönmattenwag beobachtete er das Eichenrindenschälen, das meist Anfang Mai stattfand, wenn sich die Rinden durch aufsteigenden Saft leicht ablösen ließen. Die ca. 15 Jahre alten Eichen wurden gefällt und zersägt. Dann wurden die Holzstücke mit dem stumpfen Ende eines Beiles so lange bearbeitet, bis die Rinde aufsprang und in einem Stück vom Holz gelöst werden konnte. Die Rindenteile wurden sodann getrocknet und zentnerweise an eine Gerberei in Weinheim verkauft. Laut Maurers Recherchen betrug 1909 der Schälerlohn für einen Zentner Rinde 3,41 Mark. Das Foto entstand beim Wiegen der Eichenrinden.

Die Arbeit des Köhlers zur Gewinnung von Holzkohle dokumentierte Maurer im Bereich der Gemeinde Hesseneck. Laut seiner statistischen Erhebung war dies die mittlerweile einzige im Odenwald noch vorhandene Holzkohlenbrennerei. Das obere Bild zeigt den fertig aufgeschichteten Meiler, der noch mit Laub und Erde bedeckt wird, bevor er entzündet werden kann. Da der mehrere Tage brennende Meiler ständig überwacht und durch Luftlöcher reguliert werden musste, baute sich der Köhler in der Nähe eine Hütte. ↗ →

Die zwischen 1710 und 1720 erbaute Ölmühle in Ellenbach war bis 1968 in Betrieb. Das Gebäude gehört heute zum Anwesen Schlierbacher Straße 8.

Maurer dokumentierte in seiner Untersuchung den Rückgang der Anbauflächen für Raps und Mohn, wobei letztere fast vollständig verschwunden waren. Damit einher ging der Rückgang von Ölmühlen von 75 auf 21 Mühlen in 25 Jahren. Eine Ölmühle wie die, die Anna Katharina Meister seit 1901 in Ellenbach betrieb, verarbeitete somit hauptsächlich Raps.

Die anfallenden Rückstände wurden zu sogenannten Ölkuchen plattenförmig zusammengepresst und als Zusatz im Viehfutter verwendet.

Einen Anstieg der Zahl der Zigarrenmachereien registrierte Maurer insbesondere im Kreis Erbach (heute: Odenwaldkreis). Das Bild zeigt den Betrieb von Jakob Weichel in Bad König. Im hinteren Teil des Bildes faltet Weichel Tabakblätter, die anschließend mit dem Umblatt versehen und gerollt werden. Die so entstandenen „Wickel" wurden in die links aufgestellten Pressformen gegeben, um eine glatte und gleichmäßige Form der Zigarren zu erzielen. Danach wurde das Deckblatt, das der Mitarbeiter rechts vorbereitet, um die Wickel gerollt. Laut Maurer konnten in einem solchen Betrieb täglich 500 Zigarren hergestellt werden.

In Ober-Ostern beobachtete Maurer die Flachsernte. Die mit den Wurzeln ausgerissenen Pflanzen wurden zunächst ausgebreitet und dann über offenem Feuer, das in einer Grube brannte, gedörrt, um den Pflanzenstengel brüchig zu machen. In der Bildmitte ist die Vorbereitung einer Feuergrube zu sehen; auf die Holzstücke wird später der Flachs zum Dörren gelegt. Die gedörrten Flachsstengel wurden anschließend auf „Holzböcken" zwischen den Holzrippen der Flachsbreche gebrochen und damit von den Fasern gelöst.

Danach noch anhängende Stengelteile entfernte man auf dem „Schwingstock“. Der Flachs wurde auf das Brett gelegt, dann wurden die Stengelteile mit dem Schwingholz herausgeschlagen. Maurer fotografierte diesen und den folgenden Arbeitsschritt in Unter-Sensbach.

Nach dem „Schwingen" wurde der Flachs „gehechelt", d.h. mehrmals über die Zinken des Hechelkamms gezogen. Dadurch wurden die Faserbündel nicht nur von den kleinsten Stengelteilchen gereinigt, sondern zugleich in eine gleiche, parallele Lage gebracht.

Nun konnten die Fasern zu Fäden versponnen werden. Das Bild zeigt Frau Nicklas aus Ober-Ostern/Alme bei der Arbeit am Spinnrad.

Die weitere Verarbeitung des Garns übernahmen Leineweber, deren Anzahl auch im Odenwald durch das Voranschreiten der industriellen Fertigung rückläufig war. Maurer registrierte einen Rückgang von 135 auf 31 Betriebe binnen 10 Jahren. In Unter-Gersprenz (heute Teil der Gemeinde Reichelsheim) beobachtete Maurer den Weber Pfeiffer. Mit Hilfe eines Scherrahmens (rechts) bereitete dieser die gewünschte Anzahl und Länge der Kettfäden vor, die in Längsrichtung des Gewebes verlaufen.

Weber Fischer in Michelstadt hat den sogenannten Schützen in der Hand, mit dem die quer zu den Kettfäden liegenden Schussfäden in das Gewebe eingebracht wurden.

Friedrich Mager aus Nieder-Modau stellte als Gebildweber gemusterte Gewebe her, beispielsweise Tischtücher, und zwar „mittels eines komplizierten, aus Hebeln, Rollen und Trittbrettern zusammengesetzten Apparates, den er auf seinem gewöhnlichen Webstuhl anbringt“, wie Maurer zu diesem Foto anmerkte.

Das aus Flachs gewonnene Garn wurde auch von den Strumpfwirkern in Rohrbach verarbeitet. Dieses in den Waldensergemeinden bei Ober-Ramstadt betriebene Handwerk hatte Ende des 19. Jahrhunderts seinen Höhepunkt erreicht, als annähernd 100 Strumpfwirkstühle in Betrieb waren. 1919 fotografierte Maurer den gelernten Dreher Adam Bert bei der Arbeit an einem Strumpfwirkstuhl.

In Reichelsheim besuchte Maurer den Färber Georg Röder III. Er arbeitete mit blaufärbendem Indigo. Buntdruck erfolgte mit hölzernen Modeln, in die Muster geschnitzt oder mit Messingstiften genagelt waren. Die Modeln wurden in die gewünschte Farbe getaucht und dann auf den Stoff gedrückt. Im oberen Bild hält Röder einen solchen Model bereit; auf dem unteren Bild hat er den bedruckten Stoff zum Trocknen aufgehängt.

Der Hausierer Johann Seeger aus Nieder-Ramstadt transportierte seine Waren in einem offenbar selbst gebauten, von einem Hund gezogenen Wagen. Seegers Sortiment dürfte nicht nur Stoffe, sondern auch allerlei im Haushalt benötigte Artikel enthalten haben. ➔

Auch Stoffe wurden im Hausierhandel vertrieben. Auf diesem Bild hat eine Ellenwarenhändlerin ihre Ware vor einem Haus auf der Alme in Ober-Ostern ausgebreitet.

In der Töpferei von Georg Ludwig Müller in Erbach formt der Mitarbeiter an der Töpferscheibe eine Vase, während Müller an einem anderen, bereits getrockneten Werkstück die Henkel angebracht hat und es nun bemalt. Insgesamt war das Gewerbe vor allem durch die Konkurrenz durch Metallwaren rückläufig.

Einen Zuwachs verzeichneten hingegen die Ziegel- und Backsteinbrennereien; gebrannte Lehmziegel hatten zu Maurers Zeit die Strohdächer schon weitgehend verdrängt. Das Foto entstand in der Ziegelei Zeiß in Fürth.

Ein „Steinklopfer mit Eisenring" und Augenschutz demonstrierte in Unter-Sensbach die Zerkleinerung von Steinen per Hand, um Straßenschotter zu gewinnen. Diese mühevolle Arbeit wurde um 1900 bereits maschinell erledigt.

Eine Fuhre „Besenreiser für Unter-Schönmattenwag" fotografierte Maurer in Langenthal. Dort sollten sie von Besenbindern verarbeitet werden.

← Die Kranzbinderin Elise Romig aus Groß-Zimmern hält einen Reifen aus Haselnusszweigen in den Händen, auf den sie Sträußchen aus Fichtenzweigen bindet. Die Produktpalette der Kranzbindereien umfasste Kränze zum Totengedenken, Lorbeerkränze für Sportwettbewerbe, Girlanden für Vereinsfeste, den Kerbstrauß zur Kerb und nicht zuletzt Brautkränze und -sträuße.

Das Bild zeigt einen Besenbinder in Steinbach (heute Stadtteil von Michelstadt). Er hat die Reiser, zumeist Birkenreiser, zugeschnitten, zu Bündeln zusammengelegt und einen Stock aus Tannen- oder Lärchenholz oben in das Bündel hineingesteckt. Das Bündel hat er mit biegsamen Zweigen zusammengebunden und klopfte nun mit dem Holzschlegel die überstehenden Enden in das Bündel.

Korbmacher Peter Schmidt hat seine Arbeit fast vollendet. Das Foto, das Maurer 1908 in Nieder-Modau aufnahm, lässt den mit stärkeren Weiden gearbeiteten Boden und den verstärkten Rand erkennen. Die Henkel sind bereits angesetzt und Schmidt beschneidet noch die überstehenden Zweige. Maurer kalkulierte, dass ein Korbmacher täglich 7 bis 8 Kartoffelkörbe herstellen konnte. Für diese wurden, wie auf dem Bild zu sehen, ungeschälte Weiden verwendet. Körbe, die im Haushalt zum Einsatz kamen, z.B. Wäschekörbe, wurden aus geschälten Weiden hergestellt.

Das aussterbende Gewerbe des Fackelbinders dokumentierte Maurer in Ober-Ostern. Georg Friedrich Pfeifer (links) zeigte die Herstellung der sogenannten Fackeln, der Strohbündel für Strohdächer. Auf dem Bild werden die „Setzfackeln" gestutzt, die an den Dachlatten festgebunden werden und die untere Lage eines Strohdaches bilden.

Strohbedeckte Scheuer in Ober-Ostern; Aufnahme aus dem Jahr 1913.

← Holzdrahthobler waren im 19. Jahrhundert Zulieferer für die Zündholzindustrie. Wilhelm Jährling in Klein-Bieberau demonstrierte 1909, wie mit einem Röhrchenhobel die Späne von einem Holzklotz gehobelt wurden. Sie wurden sodann auf eine Länge von ca. 5 cm gekürzt und an Zündholzfabriken geliefert. Dort tauchte man die Hölzer in flüssigen Schwefel und es wurde ein Zündsatz aufgetunkt, der im Wesentlichen weißen Phosphor enthielt. Die Entwicklung einer Draht-Hobelmaschine durch den Darmstädter Maschinenfabrikanten Ludwig Anton verdrängte in der zweiten Hälfte des 19. Jahrhunderts die Holzdrahthobler.

Weitere Zulieferer der Zündholzindustrie waren die Schachtelmacher. Sie fertigten Holzspanschachteln für die Zündhölzer. Der Blick in die Werkstatt des Klein-Zimmerner Schachtelmachers Valentin Sachs zeigt folgende Arbeitsschritte: Sachs schneidet die vorher von Holzblöcken abgehobelten Holzspäne auf die gewünschte Länge, breitere als Außenwand der Schachtel, schmalere als Außenwand des Deckels. Die Späne werden dann um eine Holzstange gebogen, überlappend verklebt, mit einer Schließe versehen und zum Trocknen aufgestellt, wie im Bildhintergrund zu sehen ist. Die Tochter des Schachtelmachers, Elise, drückt den vorher ausgestanzten Boden in die so entstehende runde Schachtelwand bzw. in den Deckel. Auf der Außenfläche des Bodens wird abschließend die Reibfläche aufgetragen. Das Gewerbe war seit den 1870er-Jahren rückläufig, als mit dem Aufkommen der schwedischen Sicherheitszündhölzer auch die maschinenmäßig hergestellten Schachteln Verbreitung fanden. Die Hausindustrie der Holzdrahthobler und Schachtelmacher kam ganz zum Erliegen, als 1903 – auch zum Schutz der Gesundheit – die Verwendung von Phosphor in der Zündwarenfabrikation verboten wurde und somit die Herstellung von „Schwefelhölzern" endete.

In Langenthal entstand 1908 dieses Foto eines Fackelhobels. Maurer schrieb dazu: „An die frühere bescheidene Zimmerbeleuchtung erinnert der alte, seit Großelternzeiten nicht mehr benutzte Fackelhobel zur Herstellung der zur Beleuchtung dienenden Buchenholzspäne, die man auf den Fackelleuchter steckte …".

Die letzten beiden Zunderschwammklopfer traf Maurer 1910 in Groß-Zimmern. Allerdings übten beide das Gewerbe nicht mehr aus. Valentin Stumpf betrieb in der Enggase 27 schon seit einigen Jahren eine Papierfabrik und eine Buchdruckerei. Dem Fotografen zeigte er nochmals das alte Handwerk. Ausgangsmaterial war der Zunderschwamm, eine Pilzart, die insbesondere an Buchen und Birken wächst. Die Schwämme wurden in Salpeter gekocht, in Scheiben geschnitten, auf einer Holzunterlage dünn und breit geklopft und anschließend mit den Händen gewalkt. Das so gewonnene weiche und lederartige Material kam je nach Qualität zur Verwendung: Zum Feuermachen dienten die die meist über den Hausiererhandel vertriebenen groben Schwämme. Feineres Material wurde als Polster in Kleidungsstücken wie Kappen und Jacken verarbeitet. Sehr feine Schwämme konnten als Wundschwämme zur blutstillenden Wundbehandlung verwendet werden. →

Auf der Schnitzbank werden die Schindeln geglättet, zur oberen Schmalseite hin verjüngt und die untere Schmalseite wurde gerundet. Das Bild vereint die Arbeitsschritte und zeigt somit die gesamte Ausstattung der Werkstatt.

← Die Verkleidung von Hauswänden mit Schindeln, insbesondere an der Wetterseite, hat sich bis heute erhalten. Beim Schindler Peter Bock aus Reichelsheim beobachtete Maurer 1908 die Herstellung von Schindeln aus Eichen- oder Lärchenholz. Im ersten Arbeitsschritt wurden Baumstämme auf die gewünschte Schindellänge geschnitten. Danach wurde das Holz mithilfe einer Spaltklinge auf Schindelstärke gespalten.

Elf Jahre später fotografierte Maurer Peter Bock jr. beim Anbringen von Schindeln.

Der Groß-Zimmerner Siebmacher Franz Stumpf IV. gehörte zu den drei Familien Stumpf, die über mehrere Generationen Siebe herstellten und im Hausierhandel im Odenwald vertrieben. Auf dem linken Bild zeigt Franz Stumpf, wie in früherer Zeit auf dem Strickrahmen das Drahtnetz geflochten wurde. Als Maurer die Bilder aufnahm, war diese Arbeit nicht mehr nötig; industriell gefertigte Drahtnetze konnten gekauft werden. Die Ränder der Siebe waren aus Kiefer- oder Lärchenholz. Auf dem rechten Bild verbindet Stumpf den inneren und äußeren Ring und fixiert damit das Drahtnetz.

Auch dieser Hausierversuch blieb erfolglos – wie bereits der Federviehhändler stand auch Franz Stumpf vor seinem Haus und seiner Familie in der Jahnstraße 34. In der Hand hält er ein Sieb mit einem Boden aus Holzspänen, das er eigens für den Besuch Maurers angefertigt hatte. Auf dem Rücken trägt er ein Holzgestell mit allen Utensilien, die der Siebmacher auf seinen Wegen durch die Odenwalddörfer zur Reparatur von Sieben benötigte.

Das Schnitzen von Rechen gehörte neben dem Besenbinden und dem Korbflechten zu den Gewerben, die laut Maurer „während der Wintermonate eine Reihe von Gemeinden, namentlich im Ulfental, ernährten." Das Foto zeigt den Rechenschnitzer Philipp Schmidt aus Hammelbach.

Das Herstellen geeichter Hohlmaße in unterschiedlichen Größen war die Aufgabe des Simmermachers. Namensgeber war das alte Hohlmaß Simmer, das 32 Litern entsprach. In Fränkisch-Crumbach beobachtete Maurer den Simmermacher Georg Brunner bei der Arbeit. Hier taucht Brunner die bereits auf Maß geschnittenen Brettchen aus Rotbuchen- oder Nussbaumholz in kochendes Wasser, um sie damit weicher zu machen.

Danach wurden die Brettchen geformt, indem sie über eine eiserne Walze rund gebogen und anschließend getrocknet wurden. Abschließend nagelte man die Messbehälter zusammen und der Boden wurde eingesetzt.

In Brensbach dokumentierte Maurer die Arbeit eines Stuhlmachers. Auf dem Bild demonstrieren die beiden Schreiner die Montage der Holzteile und die Arbeit an der geflochtenen Sitzfläche. →

Eiserne Wasserleitungen und gusseiserne Pumpen hatten die Arbeit der Pumpenmacher, die hölzerne Wasserrohre und Pumpenstöcke herstellten, weitgehend überflüssig gemacht. Maurer berichtete, dass Holzrohre nur noch für Pfuhlpumpen verwendet würden, da sie für diesen Zweck haltbarer seien. Er fotografierte 1910 den Brunnenmacher Friedrich Stühlinger in Reinheim, Kirchstraße 133, beim Ausbohren eines Baumstammes.

Ebenfalls in Brensbach entstand dieser Einblick in die Werkstatt eines Wagners, der an dem Rad für ein Fuhrwerk arbeitete. →

← Die Holzdreherei für Haushaltungsgegenstände war laut Maurers statistischer Erhebung rückläufig. Er registrierte im Odenwald 42 Betriebe, etwa ein Drittel weniger als 25 Jahre zuvor. Im Gegensatz dazu war die Zahl der Drehereien, die Spielwaren fertigten, gestiegen. In Erbach besuchte Maurer den Dreher Georg Eich II., der Teile für Spinnräder herstellte.

↙ „Odenwälder Pferdchen" wurden vermutlich erstmals Mitte des 19. Jahrhunderts in Niedernhausen (heute Ortsteil von Fischbachtal) hergestellt. Körper, Kopf und Beine des Pferdchens wurden auf der Drehbank hergestellt, mit dem Schnitzmesser nachbearbeitet und auf einem Brett mit Holzrollen befestigt (rechts am Fenster, daneben stehen Leiterwagen). Die Pferdchen gab es in verschiedenen Größen und auch als „Schockelgaul" (Schaukelpferd). Das Bild zeigt Spielwarenmacher Zehfuß aus Niedernhausen bei der Arbeit mit dem Schnitzmesser.

Balthasar Hörr in Reichelsheim stellte aus Ahorn- oder Birnbaumholz Formen für Butter und Gebäck her. Auf dem Foto zeigt er eine Lebkuchenform. Maurer merkte dazu an, dass die Formenstecher „etwa 4400 Formen verschiedenster Größe" herstellten.

Das Handwerk des Knopfmachers war zu Maurers Zeit fast völlig verschwunden; er registrierte nur zwei Betriebe, beide im Landkreis Dieburg. Einer davon war die Knopfdreherei von Georg Michel in Reinheim in der Heinrichstr. 26. Ausgangsmaterial waren Knochen von Großvieh, die man kochte, reinigte, auf die gewünschte Länge schnitt und dann mit dem Beil in Scheiben zerteilte. Aus diesen Scheiben wurden die Knöpfe auf der Drehbank herausgetrennt und abschließend in dem mit einer Handkurbel betriebenen „Schleiffass" mithilfe von im Wasser gelösten Bimsstein geschliffen und poliert.

← In Langenthal entstand diese Aufnahme einer Papierblumenmacherin. Papierblumen waren als Zimmerschmuck und auch als Brautsträußchen gefragt. Maurer berichtete zudem von den „Gotenkronen". Das waren Gestecke aus Papierblumen, die einem verstorbenen Kind von seiner Patin, „Gote" genannt, auf das Grab gestellt wurden.

Das Handwerk der Elfenbeinschnitzer geht auf eine Initiative von Graf Franz I. von Erbach-Erbach im Jahr 1783 zurück, der mit der Verwendung des hochwertigen Materials durch die Bein- und Horndreher eine Verbesserung der wirtschaftlichen Situation in seiner Grafschaft anstrebte. Maurer registrierte 23 Elfenbeinschnitzer im Kreis Erbach, die unter anderem Schmuckgegenstände, Figuren und Stockgriffe herstellten. Das Bild entstand 1908 in der Werkstatt des Elfenbeinschnitzers Heinrich Stegmüller in Erbach.

Die Werkstatt des Flickschusters Valentin Schaefer in Ober-Ostern war zugleich sein Schlafraum.

Wie der Schuster übte auch der Schmied ein für die Dorfgemeinschaft wichtiges Handwerk aus. In Langenthal beobachtete Maurer den Hufbeschlag einer Kuh.

Durch die zunehmende industrielle Fertigung war die Zahl der Schmiede rückläufig, die Werkzeuge, Nägel und Messer herstellten. So wies Maurers Statistik keinen Betrieb mehr aus, der Bohrer, Hacken, Sicheln oder Sensen herstellte. Dieses Handwerk demonstrierte 1910 der Grobschmied Adam Kredel II. in Traisa. Er fertigt am Amboss einen Bohrer, assistiert von Georg Mager, Dachdecker und Maurer aus Ernsthofen. Vor dem Amboss liegen fertige Bohrer, eine Schaufel und ein Schabeisen.

Ein Nagelschmied konnte „täglich 1500–2000 Stück Nägel in 14 Formen" herstellen. Diese Arbeit hat Maurer an verschiedenen Orten dokumentiert. Er fand im Odenwald 13 Betriebe vor; 25 Jahre zuvor waren es 67. Ein Schmied im Kreis Dieburg setzte noch ein Hundelaufrad ein, um den Blasebalg in Bewegung zu setzen. Maurer fotografierte dies jedoch beim Nagelschmied Karl Koch im badischen Eberbach.

Die Jahresproduktion eines Messerschmiedes bezifferte Maurer auf „600 Stück besserer Sorten und 400 Dutzend Küchenmesser", die zumeist im Hausierhandel vertrieben wurden. Auf dem Bild bearbeitet der Messerschmied Konrad König jr. aus Bad König das bereits geschmiedete Messer auf dem Schleifstein.

Die 1732 gegründete Hammerschmiede in Aschbach (heute: Ortsteil von Wald-Michelbach) wurde mit Wasserkraft aus dem Ulfenbach betrieben. Ein Wasserrad trieb den sogenannten Wellbaum an, eine hinter den drei Fallhämmern liegende Achse, die das Anheben der Hämmer bewirkte. Laut Maurer wurden in der Schmiede „jährlich 4 Eisenbahnwagen Radachsen und Radreifen" hergestellt.

In Groß-Bieberau war Maurer Gast beim Bäcker und Bauer Peter Ruths in der Marktstraße 21. Hier fotografierte er den im Wohnzimmer der wohlhabenden Familie aufgereihten „Zinnschatz".

Im gleichen Anwesen entstand vermutlich auch das Bild des Zinngießers. Dieser übte sein Gewerbe im Umherziehen aus und führte auf einem Handkarren einen Schmelzofen, Gussformen, eine Drehbank und weiteres Werkzeug mit, um vor Ort – wie Maurer schrieb – die „schadhaft gewordenen kleineren Zinnstücke, Löffel und Teller" umzugießen. Das Bild zeigt die Arbeit an der Drehbank, die durch den Jungen in Schwung gebracht wird.

Maurer konnte die Arbeit von zwei Turmuhrmachern dokumentieren. In Niedernhausen arbeitete Georg Philipp Schuchmann und in Groß-Umstadt Johannes Ritzert II. Laut Maurer entstanden in den beiden Werkstätten insgesamt fast 200 Uhren. Das Foto zeigt den Turmuhrmacher Ritzert in seiner Werkstatt in der Obergasse 2. Hier wurden die Uhren konstruiert, die Uhrenteile gegossen und zusammengesetzt. Das Werkstattgebäude wurde 1992 abgetragen und in den folgenden Jahren im Freilichtmuseum Hessenpark in Neu-Anspach wieder errichtet. Seit 1996 kann die Werkstatt dort besichtigt werden.

3

Die Odenwaldsammlung

Bei seinen zahlreichen Wanderungen galt Maurers Interesse nicht nur der fotografischen Dokumentation von Leben und Arbeit im Odenwald. Sein Bestreben war es auch, Handwerkszeug und Gebrauchsgegenstände sowie Werkstatt- und Wohnungseinrichtungen zu erwerben und nach Darmstadt zu bringen. Dabei wurde er vom Schuldiener der Viktoriaschule, Georg Mager, und einem Händler namens Hörr unterstützt. Letzterer hatte „als bescheidener Hausierer um die Jahrhundertwende den ganzen Odenwald“ durchwandert und Maurer „wichtige Dienste beim Ausfindigmachen der Sammlungsstücke und ihrem Erwerb“ geleistet, wie das Darmstädter Echo 1954 in Erinnerung an Friedrich Maurer schrieb. Diese Sammlung stellte Maurer der Stadt Darmstadt für das Stadtmuseum zur Verfügung, das am 23. November 1909 eröffnete.

Die Planungen dazu begannen bereits fünf Jahre zuvor. Am 14. April 1904 beschloss die Stadtverordnetenversammlung die Einrichtung eines „Städtischen Historischen Museums“. Drei Jahre später konnte der Beschluss in die Tat umgesetzt werden, als die Stadt Darmstadt ein dazu geeignetes Haus erbte und zum Stadtmuseum umbaute. Im gleichen Jahr begann Maurer mit seinen Odenwaldforschungen. Das Vorhaben der Stadt wird dazu ein Anstoß gewesen sein, ebenso wie die Aktivitäten des Odenwaldklubs auf diesem Gebiet. Im Vorstandsbericht zur Hauptversammlung des Odenwaldklubs am 8. Juni 1907 in Darmstadt und in der im gleichen Jahr erschienenen Festschrift zum 25-jährigen Bestehen des Odenwaldklubs wurde ausführlich über die vom Odenwaldklub initiierten oder unterstützten volkskundlichen Forschungen berichtet. Dazu zählte, die Gründung von Heimatmuseen anzuregen und zu fördern. So eröffnete zwei Wochen nach dem Darmstädter Stadtmuseum das Bergsträßer Heimatmuseum in Bensheim, das 1912 um das zwei Räume umfassende Odenwaldmuseum erweitert wurde. 1910 öffnete das Odenwaldmuseum in Michelstadt und 1912 das Ortsmuseum in Reinheim; auch diese Museen entstanden unter Mitwirkung des Odenwaldklubs.

Friedrich Maurer hatte den Aufbau seiner Sammlung im Stadtmuseum selbst durchgeführt, die Ausstellungsstücke durch seine Fotografien ergänzt und mit Erläuterungen versehen. Er verfasste auch einen Führer durch die Odenwald-Sammlung, der im Dezember 1909 erstmals erschien; von Maurer leicht überarbeitete und ergänzte Neuauflagen folgten 1915 und 1920.

1935 zog das Stadtmuseum und mit ihm die Odenwald-Sammlung um. Das Museum wurde in dem aus dem 17. Jahrhundert stammenden Pädagog, das seit 1934 nicht mehr als Schulhaus diente, neu eingerichtet.

Fünf Jahre nach Maurers Tod, in der Nacht vom 11. zum 12. September 1944, wurde Darmstadt im Bombenhagel zerstört und mit dem Pädagog auch Maurers Odenwald-Sammlung vernichtet. Alles, was Friedrich Maurer bei seinen Wanderungen und Forschungen im Odenwald erwerben und zusammenstellen konnte, und was er damit auch bewahren wollte, verbrannte in dieser Nacht.

In der ehemaligen „Musikalien & Buchhandlung" im Haus Schloßgraben 9 (links) richtete die Stadt Darmstadt das Stadtmuseum ein. Das Gebäude stand gegenüber dem Darmstädter Residenzschloss; ein Teil der Mauer vor dem Schlossgraben ist links unten zu sehen. Die Häuserzeile stand dort, wo heute die Landgraf-Georg-Straße in die Straße Schloßgraben mündet. Maurers Odenwaldsammlung befand sich in insgesamt sieben Zimmern im zweiten Stock und im Dachgeschoss.

Über eine steile Treppe betrat man zuerst einen als Küche eines Wirtshauses hergerichteten Raum. Das Bild zeigt im Hintergrund den Nachbau eines Küchenherdes mit Rauchfang, links auf der Bank ein Käsesieb und darüber einen Brothang, auf dem das Brot trocken und sicher aufbewahrt werden konnte.

Im zweiten Raum, einem bäuerlichen Wohnzimmer, stand der Plattenofen, den Maurer in Bad König erworben hatte. Im Hintergrund des Bildes ist ein Bett mit Federkissen zu sehen, auf dem Tisch vorne rechts liegt eine aufgeschlagene Bibel und davor ein Hauskäppchen.

Die Bilder von zwei weiteren Räumen im Dachgeschoss zeigen, wie Maurer die Präsentation seiner Sammlung konzipierte: Original-Gegenstände kombinierte er mit Fotos, die er in den jeweiligen Werkstätten aufgenommen hatte und die Menschen bei der Arbeit zeigten. So präsentierte er (oberes Bild) rechts Töpfer und Ziegler, links oben „Odenwälder Gäulchen" und darunter ein Foto des Spielwarenmachers Zehfuß. Das untere Bild zeigt links Bienenstöcke, darüber ein Schaffell mit Fotos der Schafschur, und rechts – ebenso illustriert – Gießformen und Erzeugnisse des Zinngießers. ↗ →

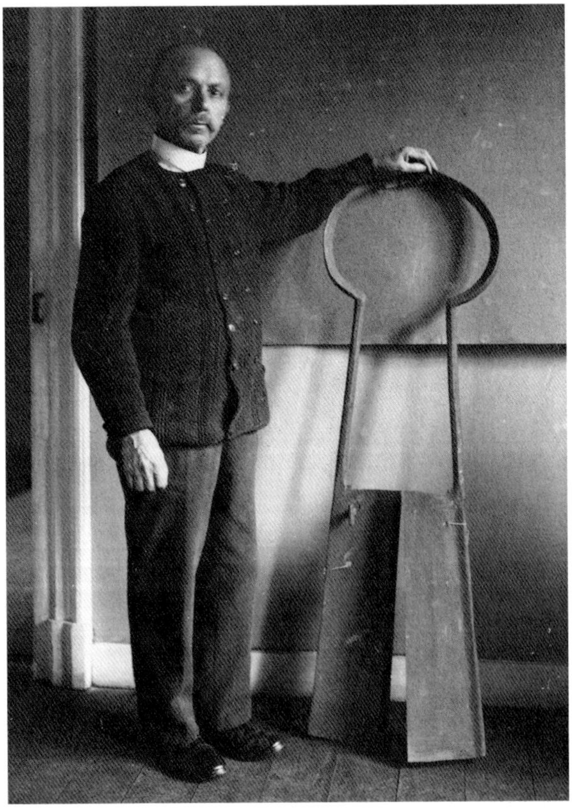

Im Dachgeschoss war ein vollständiger und funktionsfähiger Webstuhl aufgebaut. Maurer hatte ihn in Langenthal erworben. Der Weber Adam Ackermann aus Nieder-Modau präsentierte im Museum das Handwerk.

In einem der Räume im zweiten Obergeschoss zeigte Maurer die „wertvollsten Stücke der Sammlung", wie er in seinem Museumsführer schrieb. Es handelte sich um die „Werkzeuge und Erzeugnisse eingehender und längst eingegangener Betriebe". Auf dem Foto sind von links folgende Gewerbe zu sehen: Nagelschmied, Messerschmied, Holzdrahthobler, Zunderschwammklopfer und Schachtelmacher.

Museumsdiener Seibert steht neben einer Tuchschere, mit der feine, überstehende Wollfaserreste „abgeschert" wurden, sodass das Tuch eine glatte Oberfläche erhielt.

In zwei Vitrinen der Odenwaldsammlung wurden Odenwälder Trachten gezeigt. Neben der Männer- und Frauentracht hatte Maurer die unterschiedlichen Arten von Häubchen gesammelt, die in den verschiedenen Regionen des Odenwaldes üblich waren.

Am 20. März 1935 wurde das Stadtmuseum im Pädagog eröffnet. Maurers Odenwaldsammlung, nunmehr „Odenwälder Bauernmuseum" genannt, war auf das Erdgeschoss und den ersten Stock verteilt.

Friedrich Maurer hatte dem Umzug des Stadtmuseums in das Pädagog und der damit verbundenen Veränderung seines Ausstellungskonzeptes ablehnend gegenübergestanden. Die höheren und helleren Räume, in denen unter anderem die Wohnstube und die Schlafstube gezeigt wurden, passten seines Erachtens nicht zur Odenwälder Wohnsituation. Die kleinen, niedrigen Räume am alten Standort hatten dieser eher entsprochen.

Sanitätsrat Dr. Maurer

besichtigt das neue Stadtmuseum. Dem verdienstvollen Förderer unseres Heimatmuseums wurde vom Oberbürgermeister die silberne Ehrenmedaille der Stadt Darmstadt uberreicht.

Aufn.: Jacobi.

Am 23. März 1935 berichtete die „Hessische Landeszeitung" von einem Besuch Maurers im neuen Stadtmuseum. Der Webstuhl wurde von Pauline Dingeldey bedient, einer Mitarbeiterin des Stadtmuseums.

4

Nur drei Fotoalben

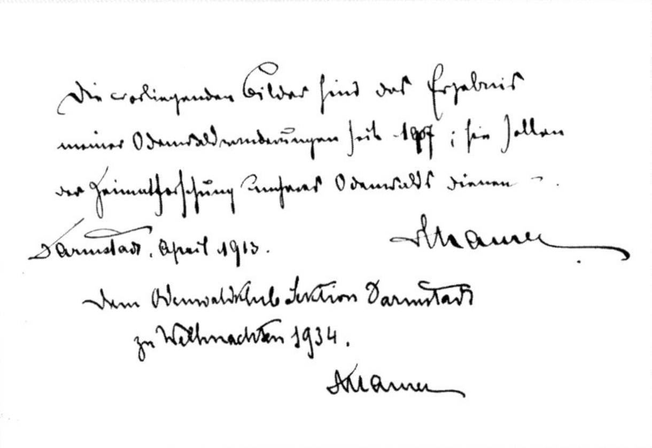
Die vorliegenden Bilder sind das Ergebnis meiner Odenwaldwanderungen seit 1907; sie sollen der Heimatforschung unseres Odenwaldes dienen.
Darmstadt, April 1913. FMaurer
Dem Odenwaldklub Section Darmstadt zu Weihnachten 1934.
FMaurer

Die Verdienste von Friedrich Maurer wurden sowohl vom Odenwaldklub als auch von der Stadt Darmstadt anerkannt. Mit Beschluss der 46. Hauptversammlung in Worms 1928 wurde er zum Ehrenmitglied des Gesamt-Odenwaldklubs ernannt. Auch die OWK-Ortsgruppe Darmstadt, wo er über Jahrzehnte im Vorstand mitgearbeitet hatte, ernannte ihn zum Ehrenmitglied.

Die Stadt Darmstadt verlieh Friedrich Maurer anlässlich der Eröffnung des Stadtmuseums im Pädagog 1935 die Silberne Preismünze und ehrte dadurch das vielfältige ehrenamtliche Engagement Maurers, das sich auch auf das Gebiet der Musik erstreckte: Von 1911 bis 1919 war Friedrich Maurer Präsident des Darmstädter Musikvereins.

Nach dem Zweiten Weltkrieg gerieten Maurers Fotografien weitgehend in Vergessenheit, bis 1981 ein Reprint seiner Veröffentlichung von 1914 erschien. Ebenfalls Anfang der 1980er-Jahre entdeckte Otto Weber, Vorsitzender des Vereins für Heimatgeschichte in Ober-Ramstadt und Leiter des dortigen Museums, bei der Vorbereitung einer Ausstellung über den Odenwaldklub Ober-Ramstadt drei Fotoalben mit 724 Fotografien Maurers im Archiv des Darmstädter Odenwaldklubs. Maurer hatte die ersten beiden Alben 1913 zusammengestellt und mit folgendem Vorwort versehen: „Die vorliegenden Bilder sind das Ergebnis meiner Odenwaldwanderungen seit 1907, sie sollen der Heimatforschung unseres Odenwaldes dienen.“ Das dritte Album enthält Fotos aus der Zeit nach dem Ersten Weltkrieg; Maurer hatte die Arbeit daran offensichtlich nicht zu Ende geführt. Die drei Fotoalben schenkte er „Dem Odenwaldklub Section Darmstadt zu Weihnachten 1934“. Es ist der Verdienst des Odenwaldklubs Darmstadt, diese bewahrt zu haben.

Mit dem wiederentdeckten Bildmaterial gestalteten Ute Göttler, Liesel Schweitzer und Otto Weber im Museum Ober-Ramstadt 1984 eine vielbeachtete Ausstellung unter dem Thema „Aus der Jugendzeit im Odenwald um 1900“. Sie wählten etwa 60 Bilder aus, die Kinder zumeist als Helferinnen und Helfer bei den verschiedenen Erwerbszweigen ihrer Eltern zeigten. Zudem konnten sie mit sechs Personen sprechen, die fast achtzig Jahre zuvor in Weschnitz und Hammelbach von Friedrich Maurer fotografiert worden waren, und deren Lebenswege aufzeigen.

1991 veröffentlichte und erläuterte Otto Weber Bilder, mit denen Maurer Handwerk im Odenwald dokumentiert hatte. Durch diese Bilder und die Veröffentlichung in der Zeitschrift „Der Odenwald" 1997 wurde das von den hessischen Industrie- und Handelskammern gegründete Wirtschaftsarchiv Darmstadt auf den Bestand der Maurer-Fotos aufmerksam und ermöglichte die digitale Erfassung des Bildbestandes.

Die drei Fotoalben sind das einzige, was von Maurers umfangreicher Odenwaldforschung erhalten geblieben ist. Wir wissen nicht, wie viele Fotos Maurer tatsächlich gemacht hat. Dass er für die Fotoalben eine Auswahl getroffen hat, zeigt bereits ein Vergleich mit den Bildern, die er 1914 veröffentlichte.

Die bleibende Bedeutung seiner Forschungen formulierte der Hauptvorstand des Odenwaldklubs in einem Nachruf, der im Januar 1940 in der „Dorflinde" veröffentlicht wurde: "Für die Geschichte des Odenwälder Handwerks, vor allem der zahlreichen, mittlerweile meist ausgestorbenen Hausgewerbe, ... sind Maurers Aufnahmen und Aufzeichnungen für immer eine Quelle reichster Belehrung, in vielen Fällen die einzige. – Alle, die ihn kannten und den Vorträgen des weitgereisten, fesselnden Redners lauschten oder mit ihm in froher Geselligkeit und Zwiesprache zusammen sein durften, waren immer erstaunt von seinem umfassenden Wissen in den Dingen der Heimat und ihrer Geschichte, immer aber auch gefangen von dem Zauber seiner freundlichen, lebensbejahenden Art."

Literaturhinweise

Veröffentlichungen von Friedrich Maurer:

Von Land und Leuten im Odenwald. Darmstadt 1907.

Die Odenwald-Sammlung im Darmstädter Städtischen Museum. Darmstadt 1909.

Unser Odenwald. Ein Kulturbild des Odenwaldes aus alter und neuer Zeit. Darmstadt 1914 / Reprint Pfungstadt 1981.

Veröffentlichungen über Friedrich Maurer:

Engels, Peter: *Städtische Kunstsammlungen und Gewerbemuseum,* in: Kunst in Hessen und am Mittelrhein, NF 5/2010, S. 107-126.

Esselborn, Karl: *Friedrich Maurer,* in: Hessische Lebensläufe, Darmstadt 1979, S. 266-268.

Göbel, Manfred: *Abseits der großen Landstraße. Erinnerung an den Odenwald-Forscher Dr. Friedrich Maurer,* in: Der Odenwald 1/1997, S. 3-22.

Müller, Adolf: *Das Stadtmuseum im Pädagog zu Darmstadt,* in: Amtliches Adreßbuch der Stadt Darmstadt. *Darmstadt 1936,* S. 41-52.

Seebach, Helmut: *Sanitätsrat Dr. Friedrich Maurers Landpartien in den Odenwald.* Gudensberg-Gleichen 2003.

Weber, Otto: *Altes Handwerk im Odenwald. Photographien von Sanitätsrat Friedrich Maurer 1907-1914,* Saarbrücken 1991.

Bücher aus Ihrer Region

Darmstadt

Fritz Deppert, Christian Häussler

978-3-89702-023-8 | 17,99 €

Odenwald und Bauland
in alten Ansichten

Karl Wilhelm Beichert, Gerhard Layer

978-3-95400-261-0 | 19,99 €

DEMMIN
HEINZ GERHARD QUADT
DETMOLD. 1930–1970
A. RUPPERT UND M. SCHAFMEISTER
DENZLINGEN
DENKENDORF
ROLF DEUSCHLE
DESSAU. 1860 BIS 1990
FRANK KREISSLER
DESSAU
DIEPHOLZ
WILFRIED GERKE